Let's Seize the Day!

¡Aprovechemos el momento!

Written by Martha Hipkin

Illustrated by Omar Figueroa Turcios

Escrito por Martha Hipkin

Ilustrado por Omar Figueroa Turcios

Dedicated to my nephew, Tommy Lucca.
Thank you to my family for always inspiring me to seize the day.

Dedicado a mi sobrino, Tommy Lucca.
Gracias a mi familia por inspirarme siempre a aprovechar el momento.

There was once a little black bear called Tommy, who lived in a forest in North America with his mama and papa.

Tommy loved to eat, climb and, most importantly, play!

'King of the Mountain' was, by far, his favourite game!

Había una vez un osito de color negro llamado Tommy, que vivía en un bosque de Norteamérica con su mama y su papá.

A Tommy le encantaba comer, escalar y, sobre todo, ¡jugar!

El “Rey de la Montaña” era, de lejos, su juego favorito.

One bright and clear day, whilst Papa was hunting, Tommy and his mama were playing his favourite game, when he asked, “Mama, do you think I’m strong?”

“Yes, of course I do! You’re the strongest little bear in the forest!”

“It’s just that all the other little bears say that I’ll never be as strong as Papa.”

The little bear was finding it hard to breathe. Mama bear told him to take three deep breaths and count to ten.

“Tommy, my little bear, don’t worry about what others think of you.”

Un día despejado y luminoso, mientras papá estaba de caza, Tommy y su mamá estaban jugando a su juego favorito, cuando preguntó: “Mamá, ¿crees que soy fuerte?”

¡Claro que sí! Eres el osito más fuerte del bosque.

Es que todos los demás ositos dicen que nunca seré tan fuerte como papá.

Al osito le costaba respirar. Mamá le dijo que respirara tres veces, profundamente, y contara hasta diez.

Tommy, mi osito, no te preocupes por lo que los demás piensen de ti.

That night, the little bear couldn't stop thinking about what his mama said...

He wanted to do something exciting, meet other animals, learn new things and have fun!

All this thinking made Tommy very sleepy...

Esa noche, el osito no podía dejar de pensar en lo que dijo su mamá...

¡Quería hacer algo emocionante, conocer a otros animales, aprender cosas nuevas y divertirse!

De tanto pensar, a Tommy le empezó a dar mucho sueño...

The next morning, Tommy woke up and ran over to his mama. "Mama, I'm going on an adventure – I want to see the world!"

Mama was very supportive of her little bear. She wanted him to 'spread his wings' and explore other parts of the forest!

A la mañana siguiente, Tommy se despertó y corrió hacia su mama.

¡Mamá, me voy de aventura – quiero ver el mundo!

Mamá respaldaba mucho a su osito. Quería que 'abriera sus alas' y explorara otras partes del bosque.

The little bear packed his torch, his papa's slingshot and some snacks for the journey. His mama said goodbye, gave him a bear hug and Tommy set off on his adventure!

"Remember what your papa always says?" Mama shouted.

"SEIZE THE DAY!" Tommy replied, as he bounded over the mountain.

El osito empacó su linterna, la honda de su padre y algo de comida para el viaje. Su mamá se despidió, le dio un abrazo de oso y Tommy empezó su aventura!

¿Recuerdas lo que siempre dice tu papa? – gritó mamá.

¡APROVECHA EL MOMENTO! – respondió Tommy, saltando emocionado por la montaña.

Four hours passed and Tommy was becoming very tired. He needed a nap, so he climbed the nearest tree and lay on a flat, sturdy branch.

It didn't take long before he fell fast asleep...

Habían pasado cuatro horas y Tommy se estaba cansando mucho. Necesitaba una siesta, así que se subió al árbol más cercano y se tumbó en una rama plana y robusta.

No tardó mucho en quedarse profundamente dormido...

TAP, TAP, TAP, TAP.

“AGGHHHHHHH!” screamed Tommy.

“Hey! I’m Tiago the Toucan. Nice to meet you! What’s your name?”

The little bear looked frightened at first but was soon happy to have a new friend. “Hello Tiago, my name is Tommy, and I’m on an adventure!”

TOC, TOC, TOC, TOC.

¡AAAHHHHHH! – gritó Tommy.

¿Qué pasa, amigo mío? Soy Tiago el Tucán. ¡Encantado de conocerte! ¿Cómo te llamas?

El osito se asustó al principio, pero pronto se alegró de tener un nuevo amigo.

Hola Tiago, me llamo Tommy y voy de aventura!

After a long chat, Tiago and Tommy had worked up quite an appetite and desperately needed some food.

"What do toucans eat?" asked Tommy.

"Mainly berries, insects and small birds. We're not picky! What about bears?"

"That's weird! That's what bears eat, too."

"Yes, Tommy, we may be from different parts of the world, but we can still have things in common!"

The little bear thought about this deeply...

Después de una larga charla, a Tiago y a Tommy se les había abierto el apetito y necesitaban desesperadamente algo de comida.

¿Qué comen los tucanes? – preguntó Tommy.

Principalmente bayas, insectos y pájaros pequeños. ¡No somos exigentes! ¿Y los osos?

¡Qué raro! Eso es lo que comen los osos también.

Sí, Tommy, puede que seamos de diferentes partes del mundo, ¡pero parece que temenos cosas en común!

El osito se paró a pensar sobre este punto con atención...

Tiago tapped his beak on Tommy's head again. "Tommy, look! Bears like eating honey, don't they? There's a beehive over there!"

"I LOVE HONEY! I'll be right back!"

The little bear charged after the beehive, following the sweet, delicious smell of honey. He climbed the tree, grabbed the beehive, and ran as fast as his little paws would take him!

Until...

Con su pico, Tiago golpeó la cabeza de Tommy otra vez.

¡Tommy, mira! ¿A los osos les gusta comer miel, no? ¡Hay una colmena, por allí!

¡ME ENCANTA LA MIEL! Ahora vuelvo.

El osito corrió tras la colmena, siguiendo el dulce y delicioso olor de miel. ¡Se subió al árbol, cogió la colmena, y corrió tan rápido como le permitieron sus patitas!

Hasta que..

The little bear hit his head on a tree!

A monkey swung down from the tree, whilst eating a banana, and all the bees buzzed away. "Hey, I'm trying to eat here! Who are you?"

"Oh, I'm sorry! I'm Tommy. Do you want to join me?"

The little bear dipped his little paws into the big beehive.

¡CATAPUM!

¡El osito se golpeó la cabeza contra un árbol!

Un macaco bajó del árbol, con un plátano a medio comer en la mano, y todas las abejas se alejaron zumbando.

¡Oye, que estoy intentando comer! ¿Quién eres?

¡Ay, lo siento! Soy Tommy. ¿Quieres acompañarme?

El osito metió sus patitas en la gran colmena.

By the time Tiago had finally caught up, the monkey and the little bear had eaten all the bananas and honey!

"Oh hey, Tiago! This is Marco the Macaco. I accidently bumped into his banana tree."

"Hey, Marco! Where in Brazil are you from?" asked Tiago.

"Rio de Janeiro. Where are you from?" asked Marco.

"Cool! I flew over from the Amazon Rainforest in Peru."

Tommy was baffled. "Brazil? Peru? I thought you were from America!"

"No, my friend, we have travelled here! We like to go on adventures, too!" said Marco happily.

Cuando Tiago por fin los alcanzó, el macaco y el osito se habían comido todos los plátanos y la miel.

¡Ah, hola, Tiago! Este es Marco el Macaco. Me tropecé con su platanera por accidente.

¿Qué pasa, Marco? ¿De qué parte de Brasil eres? – preguntó Tiago.

De Río de Janeiro. ¿De dónde eres tú? – preguntó Marco.

¡Qué guay! Yo vine volando desde el Amazonas de Perú.

Tommy estaba perplejo – ¿Brasil? ¿Perú? Creía que erais de los Estados Unidos.

¡No, amigo mío, hemos viajado hasta aquí! A nosotros también nos gustan las aventuras – dijo Marco con alegría.

Soon, the adventurous trio became best friends.

Tiago taught Tommy how to find the tastiest berries and insects in the forest. The slingshot came in very handy when hunting!

Marco made sure that Tommy was always clean, and they found the perfect way to scratch each other's backs.

"Ohhhh yeah! This is what I call teamwork, my friend!" said Marco.

Pronto, el trío aventurero se convirtió en mejores amigos.

Tiago le enseñó a Tommy cómo encontrar las bayas y los insectos más ricos del bosque. ¡La honda le resultó muy útil para cazar!

Marco se aseguró de que Tommy estuviera siempre limpio y encontraron la forma perfecta de rascarse la espalda uno al otro.

¡Ahhhh, sí! Esto es lo que yo llamo trabajo en equipo, amigo mío – dijo Marco.

And all three of them, together,
played Tommy's favourite game...

Y los tres, juntos, jugaron al juego favorito de Tommy...

Later that night, under the starry sky, Tiago asked, "What's your biggest worry, Tommy?"

Tommy thought about this and replied, "That everyone thinks I'm weak." The little bear bowed his head.

"Well Tommy, we don't think that. You have to be a pretty strong bear to go on an adventure on your own," said Tiago.

The little bear smiled.

"Yeah, Tommy," said Marco, "you shouldn't worry about what others think. You are a strong little bear. Now, let's go – I'm starving and need some more bananas!"

Más tarde esa noche, bajo el cielo estrellado, Tiago preguntó – ¿cuál es tu mayor preocupación, Tommy?

Tommy se lo pensó y respondió – que todo el mundo piensa que soy débil.

El osito agachó la cabeza.

Bueno Tommy, nosotros no pensamos eso. Tienes que ser un osito muy fuerte para ir a la aventura tu solito – dijo Tiago.

El osito sonrió.

Sí, Tommy – dijo Marco – no deberías preocuparte por lo que piensen los demás. Tú eres un osito fuerte. Venga, vámonos: ¡estoy muerto de hambre y quiero más plátanos!

The next day, the three friends plodded and hopped and flapped and swung through the green, rich and vibrant forest. They laughed and played for hours!

When, out of the blue, there was an ENORMOUS rock which was blocking their path...

Al día siguiente, los tres amigos caminaron, saltaron, aletearon y se columpiaron por el bosque verde, rico y vibrante. ¡Rieron y jugaron durante horas!

Entonces, de la nada, apareció una roca ENORME que les bloqueaba el camino...

Marco jumped and Tiago flew over the enormous rock, but the little bear couldn't climb over it, no matter how hard he tried.

"I give up! I'm not strong enough," said Tommy, sitting on the floor.

"Of course, you are, Tommy! Come on, we'll help you!" encouraged Marco.

And together, with all their strength, they rolled the enormous rock away!

All they needed to do to get home was to cross the river...

Marco saltó y Tiago voló sobre la enorme roca, pero el osito no pudo treparla, por mucho que lo intentara.

¡Me rindo! No soy lo suficientemente fuerte – dijo Tommy, sentado en el suelo.

¡Claro que lo eres, Tommy! Vamos, te ayudaremos – le animó Marco.

Y juntos, uniendo sus fuerzas, lograron rodar la enorme roca.

Lo único que tenían que hacer para volver a casa era cruzar el río...

But... they didn't know that there was a big, scary crocodile, hiding in the river!

"Good evening, weaklings! Just what I wanted for dinner... a tasty, weak little bear!"

Tommy was terrified but remembered what his mama said, "Take three deep breaths and count to ten."

Pero… ¡no sabían que había un gran y temible cocodrilo escondido en el río!

¡Buenas noches, debiluchos! Justo lo que quería para cenar… un osito sabroso y débil!

Tommy estaba aterrorizado, pero recordó lo que le había dicho su mama – respira tres veces, profundamente, y cuenta hasta diez.

The little bear found the strength inside him to stand up to the crocodile and he let out an almighty loud...

"GRRRR!!!"

The crocodile was so stunned by the strength of this tiny little bear, that he scurried away into the distance.

"Wow, Tommy, you did it!" yelled Tiago.

"That crocodile was so scared his giant teeth were chattering!" chuckled Marco.

El osito encontró la fuerza dentro de sí mismo para confrontar al cocodrilo y fue cuando soltó un bramido tremendamente fuerte...

¡¡¡GRRRR!!!

El cocodrilo se quedó tan estupefacto por la fuerza de este osito, que se alejó apresuradamente.

¡Oh, Tommy, lo has conseguido! – gritó Tiago.

¡Ese cocodrilo estaba tan asustado que le castañeteaban los gigantescos dientes! – se rió Marco.

"I can't believe I did that! I would never have been able to do that without you two... thank you so much!" said Tommy, with a huge smile on his face.

"You're welcome, my friend," said Tiago.

The three friends crossed the river together, with a spring in their step!

Tommy ran up the mountain with his new friends to find his mama.

¡No puedo creer que haya hecho eso! Nunca habría sido capaz de hacerlo sin vosotros dos... ¡muchas gracias! – dijo Tommy, con una enorme sonrisa en la cara.

No hay de qué, amigo mío – dijo Tiago.

Los tres amigos cruzaron el río juntos ¡con mucha energía!

Tommy subió corriendo la montaña con sus nuevos amigos para buscar a su mamá.

The little bear could smell his mama. There she was... at the top of the mountain.

The little bear ran into her arms.

"I did what Papa said, Mama... I seized the day!"

El osito podía oler a su mamá. Allí estaba ella... en la cima de la montaña.

El osito se lazó a sus brazos...

Hice lo que dijo papá, mamá... ¡he aprovechado el momento!

About the Author

Born in Newcastle, Martha Hipkin was inspired by her parents' enthusiasm for learning new languages. Martha studied Spanish and Portuguese in Liverpool and Rio de Janeiro; taught English in Madrid; and travelled around South America, exploring the Amazon Rainforest. After the birth of her nephew, Tommy, Martha's mother encouraged her to create something unique for the family and inspire other children, like Tommy, to learn other languages from a young age. Martha now lives and works in Switzerland, learning French and German and immersing herself in other cultures. Martha's passion for languages and literature has snowballed into a desire to help cure monolingualism!

Sobre la autora

Nacida en Newcastle, Martha Hipkin se inspiró en el entusiasmo de sus padres por aprender nuevos idiomas. Martha estudió español y portugués en Liverpool y Río de Janeiro; enseñó inglés en Madrid; y viajó por Sudamérica, explorando la selva amazónica. Tras el nacimiento de su sobrino, Tommy, la madre de Martha la animó a crear algo único para la familia e inspirar a otros niños, como Tommy, a aprender otros idiomas desde una edad temprana. Ahora Martha vive y trabaja en Suiza, aprendiendo francés y alemán y sumergiéndose en otras culturas. ¡La pasión de Martha por los idiomas y la literatura se ha convertido en un deseo de ayudar a curar el monolingüismo!

About the Illustrator

Born and raised in Corozal, Colombia, Omar Figueroa Turcios has brought stories to life with his unique, vibrant illustrations since 1985. Omar now lives in Madrid with his family, where he continues to add colour to the literary world!

Sobre el ilustrador

Nacido y criado en Corozal, Colombia, Omar Figueroa Turcios ha dado vida a múltiples historias con sus únicas y vibrantes ilustraciones desde 1985. ¡Ahora Omar vive en Madrid con su familia, donde sigue dando color al mundo literario!

Let's Seize the Day!

By Martha Hipkin

Illustrated by Omar Figueroa Turcios

First published in 2022

ISBN 978-1-399-92505-1

¡Aprovechemos el momento!

Escrito por Martha Hipkin

Ilustrado por Omar Figueroa Turcios

Publicado por primera vez en 2022

ISBN 978-1-399-92505-1

Printed in Great Britain
by Amazon

10330441R10027